Conni backt Pfannkuchen

Eine Geschichte von Liane Schneider
mit Bildern von Janina Görrissen

CARLSEN

Gerade erzählt Connis Freund Simon von dem tollen Geburtstagsfest bei seiner Oma. Da fällt Conni ein, dass ihre Mama am Sonntag auch Geburtstag hat. Und Conni hat noch gar kein Geschenk.
„Mal doch was“, schlägt Simon vor.

„Och nö“, winkt Conni ab. Das hat sie schon so oft gemacht. Da fällt ihr Blick auf Simons Kinderkochbuch. Das ist es! „Ich werde für sie kochen!“, ruft Conni. „Zusammen mit dir. Und zwar Spaghetti!“ Das ist nämlich Connis Lieblingsessen. Allerdings verzieht Mama immer ihr Gesicht so komisch, wenn Conni wieder mal Spaghetti will. Vielleicht kochen sie doch lieber etwas anderes? Gemeinsam sehen sie das große Kochbuch durch.

Endlich entscheiden sich die beiden für Pfannkuchen. Das Rezept ist ganz einfach. Sie brauchen nur Eier, Mehl, Milch und etwas Salz.

„Und dazu gibt es Obstsalat!“, ruft Conni. Das ist gesund, wie Mama es gerne mag. Und lecker! Conni läuft schon das Wasser im Mund zusammen.

„Oder Schokocreme!“, ergänzt Simon.

„Blaubeeren und Sahne", sagt Conni. Immer verrücktere Sachen fallen ihnen ein, die sie auf die Pfannkuchen geben können: Sirup, Quark, Apfelmus, Speck, Tomaten. Oder Marmelade und Salami. Vielleicht sogar Spaghetti? Conni und Simon lachen sich kringelig. Auf jeden Fall wollen sie ganz, ganz viele Pfannkuchen backen.

Zu Hause guckt Conni gleich nach, ob alle Zutaten da sind. Mehl, Milch und Salz findet sie, aber Obst und Eier fehlen. Conni leert ihr Sparschwein.
Ob das für einen Einkauf reicht? Conni fragt lieber Papa und flüstert lange mit ihm im Garten.

Am Samstagmorgen gehen Conni, Papa und Simon zum nahen Supermarkt. Conni und Simon wiegen verschiedene Früchte und ein paar Tomaten ab und legen auch ein Glas Schokocreme in den Einkaufswagen. Dazu packen sie Puderzucker, Streusel, Sprühsahne und einiges mehr. Conni legt alles auf das Laufband an der Kasse und bezahlt zusammen mit Papa. Damit Mama nichts mitbekommt, verstecken sie alle Einkäufe in einem Karton im Keller.

Heute ist Mamas Geburtstag. Papa schenkt ihr zwei Karten für einen Film, den Mama schon lange mit einer Freundin sehen wollte.
Kaum ist Mama aus dem Haus, klingelt Simon an der Tür. Die Kinder schneiden zuerst das Obst für den Obstsalat. Bei den Bananen geht es ganz leicht, aber die kleinen Pflaumen rutschen immer weg. Orangen zu schälen, ist auch nicht so leicht. Doch bei den Birnen muss Papa wirklich helfen. Das klein geschnittene Obst kommt in eine große Schale. Jetzt fehlen noch Honig und Zitronensaft.

Simon zeigt Conni, wie eine Zitrone auf der Zitronenpresse ausgedrückt wird, bis der Saft herausfließt. „Gieß aber nicht zu viel davon auf das Obst", warnt er. Zitronensaft ist nämlich sehr sauer. Das merkt auch Jakob, als er davon kostet. Er verzieht sein Gesicht so komisch, dass Conni laut loslachen muss. Sauer macht eben lustig.

Nun geht es endlich an den Pfannkuchenteig. Conni schlägt die Eier an der Schüsselkante auf. Das hat Mama ihr mal beim Keksebacken gezeigt. Es läuft nur ganz wenig daneben. Aber zwei Mal muss Conni Eierschale aus dem Teig angeln. Conni verrührt die Eier und Simon gibt für jedes Ei zwei Esslöffel Mehl dazu und vier Esslöffel Milch. Dabei tropft etwas auf den Küchenboden. Kater Mau freut sich und leckt die Milch schnell auf. Zuletzt kommen noch ein paar Prisen Salz in den Teig. Eine Prise ist so viel, wie man zwischen Daumen und Zeigefinger halten kann, erklärt Simon.

Conni rührt den Teig mit dem Schneebesen durch. Die kleinen Mehlklümpchen wollen aber gar nicht weggehen. Auch Simon kann es nicht besser.
Papa schließt den Handmixer an. Conni drückt auf den Einschaltknopf und hält die Mixstäbe in den Teig. Schon fliegt der Teig in der Küche herum.
Erschrocken macht Conni den Mixer aus. Das wollte sie nicht! Papa auch nicht!
Er gießt den Teig in die ganz hohe Rührschüssel und stellt sie in die Spüle.

Conni soll erst die Mixstäbe in den Teig halten und dann den Mixer auf der niedrigsten Stufe anschalten. Jetzt geht es gut und bald haben sie einen schönen glatten Teig.

Beim Braten der Pfannkuchen hilft Papa. Conni holt die beschichtete Pfanne und gießt etwas Bratöl hinein. Papa lässt es heiß werden. Conni gibt eine Kelle voll Teig dazu. Der wird schnell fest und braun an den Rändern. Es duftet schon lecker. Jetzt muss der Pfannkuchen gewendet werden. Im Fernsehen werfen sie den Pfannkuchen dazu hoch in die Luft. Papa versucht das auch. Doch bei ihm bleibt er in der Pfanne kleben. „Am Pfannenstiel rütteln", sagt Simon. „Mehr Schwung", ruft Conni.

Jetzt fliegt der Pfannkuchen hoch. Er dreht sich und landet … Nein, natürlich nicht in der Pfanne, sondern auf dem Fußboden. Genau vor der Nase von Kater Mau. Der zuckt erst erschrocken zurück, dann kostet er vorsichtig. Hm, lecker. Jakob lässt sich auf den Po fallen und will auch probieren. Aber Papa ist schneller und wirft den Pfannkuchen in den Müll.
Mau maunzt empört und Jakob ruft: „Haben!“
Conni gibt ihm ein
Stück Banane.

Den nächsten Pfannkuchen dreht Papa lieber mit dem Pfannenwender um. Das klappt besser. Immer abwechselnd füllen Conni und Simon Teig in die Pfanne. Bald stapeln sich viele goldbraune Pfannkuchen auf einem Teller im Backofen. Da sind sie sicher vor Mau und Jakob und bleiben schön warm. Conni und Simon können es aber auch kaum erwarten, dass Mama kommt und das Essen losgehen kann. Sie decken den Tisch mit Geschirr und all den Leckereien, mit denen die Pfannkuchen belegt werden können.

Endlich dreht sich Mamas Schlüssel in der Haustür. Sie schnuppert und ist ganz überrascht, als sie den gedeckten Tisch sieht. Stolz tragen Conni und Simon einen Teller mit einem riesigen Pfannkuchenstapel und den Obstsalat herein.

Das wird ein lustiges Essen! Mama kostet zuerst einen Pfannkuchen mit Obstsalat. Der ist so lecker, dass sie gleich noch einen zweiten isst. Jakob stopft sich mit beiden Händen Pfannkuchenstücke in den Mund. Simon schneidet seinen in zwei Hälften. Eine bestreicht er mit Schokocreme und rollt sie zusammen. Die Rolle schneidet er in Streifen und hat nun Kringelschnecken. Jeder darf sich eine nehmen.
Hm, schmeckt das gut.
Conni teilt ihren Pfannkuchen in vier Teile und belegt sie alle anders:
mit Marmelade und Streuseln,
mit Obstsalat, mit Apfelmus und
mit Quark. Alles ist lecker.

Am besten schmeckt ihr aber der zusammengeklappte Pfannkuchen mit Blaubeeren und Sahne, den sie danach isst. Es macht auch gar nichts, dass alle lachen, weil jetzt rund um ihren Mund alles blau und sahnig ist. Simon hat auch einen Schokocremeschnurrbart und sogar Mama hat bald einen Blaubeermund.

Papa mag seine Pfannkuchen lieber nicht so süß. Er legt Salami, gebratenen Speck, Tomatenscheiben und etwas Käse darauf. Das schmeckt fast wie Pizza, findet Conni. Sie verteilt Marmelade und Salami auf einem Pfannkuchenstück, doch zusammen schmeckt es gar nicht. Igitt, das kann sie nicht aufessen! Aber Conni ist sowieso pappsatt. Die anderen auch. Nur Mau hat noch Hunger und bekommt ein Katzenleckerli.

Mama will den Tisch abräumen. Doch Conni, Simon und Papa tragen lieber alles selbst in die Küche. Sonst bekommt Mama noch einen Schreck, weil es da so schlimm aussieht. Sogar Jakob hilft mit. Conni und Simon stellen das Geschirr in die Spülmaschine. Papa putzt die Teigspritzer vom Küchenschrank. Bald ist alles wieder sauber. Nur an Connis Mund klebt noch Blaubeersaft.

Mama bedankt sich bei Conni mit einem dicken Blaubeerkuss für das schöne Geburtstagsessen und schickt alle erst mal zum Waschen ins Badezimmer. Dann kuscheln sie sich zusammen auf das Sofa und Mama liest das Märchen vom dicken fetten Pfannekuchen vor, der kantapper, kantapper in den Wald hineinlief.

**Pfannkuchen backen ist gar nicht schwer!
Möchtest du es auch einmal versuchen?
Dann probiere Connis leckeres Rezept aus.**

Für 1 Pfannkuchen:
1 Ei aufschlagen und mit
4 Esslöffel Milch (oder 2 EL Milch,
2 EL Mineralwasser) verrühren
2 Esslöffel Mehl
1 Prise Salz hinzufügen
und mit Schneebesen oder Mixer zu einem glatten Teig verrühren.
Etwas Bratöl in der Pfanne heiß werden lassen, den Teig dazugeben (bei mehreren Pfannkuchen je eine Schöpfkelle voll), in der Pfanne verteilen und den Pfannkuchen von beiden Seiten goldbraun braten.
Fertige Pfannkuchen gleich essen oder bei etwa 80 Grad im Backofen warm halten.
Die Pfannkuchen beliebig süß oder herzhaft belegen, aufrollen, zusammenklappen oder einfach so essen.

Tipp: Mit weniger Mehl und mehr Milch werden die Pfannkuchen dünner und weicher. Probiere aus, wie du sie am liebsten magst.

Obstsalat für 4 Personen:
2 Bananen
2 Birnen
1 Orange
schälen, klein schneiden
und in eine Schüssel geben.
6–8 Pflaumen waschen, entkernen, klein schneiden und hinzufügen.
1–2 Esslöffel Honig mit
1–2 Esslöffel Zitronensaft mischen und mit dem Obst verrühren.

Du kannst auch Rosinen, gehackte Nüsse, Schokostreusel, Joghurt, Quark oder Sahne dazugeben. Die Früchte kannst du nach Geschmack oder Jahreszeit austauschen.